Marian Hoefnagel

Abseits

Ein Traum endet

In Einfacher Sprache

Spaß am Lesen Verlag
www.einfachebuecher.de

Diese Ausgabe ist eine Bearbeitung des Buches
Buitenspel von Marian Hoefnagel.
© 2009 Eenvoudig Communiceren Amsterdam. 4. Auflage 2019.
Alle Rechte an dieser Ausgabe vorbehalten.

Text Originalfassung: Marian Hoefnagel
Illustrationen: Roelof van der Schans
Deutsche Übersetzung: Bettina Stoll

© 2023 | Spaß am Lesen Verlag, Münster

ISBN 978-3-910531-03-1

Marian Hoefnagel

Abseits
Ein Traum endet

In Einfacher Sprache

Schwierige Wörter oder Ausdrücke sind <u>unterstrichen</u>. Die Erklärungen stehen in der Wörterliste am Ende des Buches.

Inhalt

Unruhe im Haus

„Mama, wo sind meine Fußball-Schuhe?"
Peter geht an seiner Mutter vorbei ins Haus.
Er wirft seinen Rucksack in die Ecke
und läuft die Treppe hinauf.
Der Rucksack landet auf dem Schwanz der Katze.
Die Katze macht einen Satz.
Fauchend springt das arme Tier auf den Schrank.

Peters Mutter muss lachen.
„Peter ist zuhause, miau", sagt sie zu der Katze.
„Aber das hast du wohl schon gemerkt."

„Mama!", ruft Peter von oben.
„Hilfst du mir mal?
Ich kann meine Fußball-Sachen nirgends finden.
Und in 10 Minuten fängt das Training an."

Die Mutter steigt seufzend die Treppe hinauf.
Es ist schön, dass Peter so gut Fußball spielen kann.
Es ist schön, dass er als Nachwuchs-Talent
entdeckt wurde.
Und dass er jetzt im Jugend-Kader spielen kann.

Nur die besten Jungs dürfen dort mitmachen.
Sie sollen später einmal Profi-Fußballer werden.
Und vielleicht in der National-Mannschaft spielen.
Peter wünscht sich das natürlich sehr.
Sein Geld als Fußballer zu verdienen.
Und sein Heimatland, die Niederlande,
als National-Spieler zu vertreten.

Aber es sorgt für viel Unruhe im Haus.
Alles dreht sich um Fußball.
Nichts ist mehr wie früher.
Peter muss zu bestimmten Zeiten essen.
Damit er danach zum Training gehen kann.
Peter kann nicht mit in den Urlaub fahren.
Denn Peter muss mit der Fußball-Mannschaft
ins Trainingslager.
Peter hat keine Zeit für Hausaufgaben.
Denn Peter muss jeden Tag zum Lauftraining.

Letzte Woche ist Peter nicht einmal mit zur Oma.
Die Oma feierte ihren 80. Geburtstag.
Es gab eine große Feier.
Aber Peter hatte ein wichtiges Spiel.
Früher war es viel gemütlicher, findet Peters Mutter.

Peter durchsucht den Wäschekorb.

Kleidung fliegt durch die Luft.

„Meine Hose hab ich gefunden", murmelt er.

„Aber wo ist mein Trikot?"

„Alles liegt gewaschen und zusammengefaltet auf meinem Bett", sagt seine Mutter.

„Oh, dann sag das doch gleich", brummt Peter.

„Das mach ich ja", antwortet seine Mutter.

Aber Peter hört schon nicht mehr zu.

Fußball-Freunde

Peter macht das Training Spaß.
Sie sind 20 Jungs, alle ungefähr im selben Alter.
„Es ist wichtig, dass ihr Freunde werdet",
sagt der Trainer.
„Es ist nicht leicht, ein Spitzen-Fußballer zu werden.
Spitzen-Fußballer brauchen einander.
Es ist schön, Schulfreunde zu haben.
Aber sie verstehen nicht, was es heißt,
richtig guten Fußball zu spielen.
Die denken: Verrückt, dass du jeden Tag trainierst.
Dass du fast nie ausgehst.
Dass du so viel für den Sport übrig hast.
Also freunde dich mit anderen Fußballern an."

Beim Training machen sie spielerische Übungen.
Jeder muss sich einen Partner aussuchen.
In Paaren müssen sie Purzelbäume machen.
Quer über den ganzen Fußball-Platz.
Sie dürfen einander nicht loslassen.
Es ist schwierig, aber auch lustig.
Und manchmal geht es schief.
Dann müssen sie wieder von vorne anfangen.

„Ihr dürft nicht wütend auf den anderen werden",
erklärt der Trainer.
„Auch dann nicht, wenn einer einen Fehler macht.
Versucht, euch gegenseitig zu helfen.
Das bringt viel mehr."

Peter und Kelvin bilden ein Paar.
Am Anfang kannten sich die beiden nicht so gut.
Doch jetzt schon. Das liegt an den Übungen.

Nach dem Training trinken alle Tee in der Kantine.
Peter unterhält sich mit Kelvin.
„In zehn Jahren werden wir Robin und Ruud sein",
sagt Kelvin.
„Du meinst Van Persie und Gullit?", fragt Peter.
Kelvin lacht. „Ich meine Ruud van Nistelrooy."
„Ach so", meint Peter.
„Der spielt jetzt in England, oder?"
Kelvin nickt.
„Ich möchte später auch in England spielen", sagt er.
„Und du?"
Peter schaut in seine Teetasse.
Darüber hat er noch nie nachgedacht.

Einfach keine Zeit

Als Peter nach Hause kommt,
sind alle mit dem Essen fertig.
Peters Essen steht in der Mikrowelle.
Das ist einfach.
Nur einmal auf die Taste drücken.
Kurz warten.
Und schon ist das Essen heiß.
Peter öffnet die Mikrowelle.
Lecker! Kartoffelbrei mit Erbsen.

Peter hat Hunger.
Mit dem Teller auf dem Schoß setzt er sich
vor den Fernseher.
Er wechselt von einem zum anderen Sender.
Aber nirgends läuft etwas Interessantes.
Peter isst alles auf.
Langweilig, so allein.
Vor allem, wenn es nichts im Fernsehen gibt.

Tja, so ist das eben mit Fußballern.
Sie führen ein ganz anderes Leben
als normale Menschen.

Da kommt seine Mutter ins Wohnzimmer.
Sie hat sich ein Handtuch um den Kopf gewickelt.
„Was ist?", fragt Peter.
„Ich habe mir die Haare gefärbt", antwortet sie.
„Morgen gehen wir doch zu der Skate-Show."
Oh, stimmt.
Sie haben Karten für eine tolle Skate-Show
geschenkt bekommen.
Von dem Jungen von nebenan, weil er keine Zeit hat.

„Die Show ist wirklich gut",
sagte der Nachbars-Junge.
„Fünf tolle Skater, die alle möglichen Tricks zeigen."

Peter wäre gerne hingegangen.
Aber jetzt schüttelt er den Kopf.
„Ich kann nicht.
Ich muss morgen ins Training."

Viele Ausfälle

Das Training macht immer mehr Spaß.
Das liegt daran, dass sie immer besser werden.
Peter merkt es an sich selbst.
Letztes Jahr konnte er überhaupt nicht chippen.
Dabei muss man den Ball mit dem Fuß hochheben.
Am Anfang scheiterten alle Versuche.
Und jetzt kann er es schon ganz gut.

Seine Mutter beschwert sich über das viele Training.
Und darüber, dass er keine Zeit mehr hat.
Aber Peter stört das nicht.

Die Jungs im Kader kennen sich inzwischen gut.
Sie sind echte Freunde geworden.
Natürlich findet Peter nicht alle Jungs gleich nett.
„Das muss auch nicht sein", hat der Trainer gesagt.

Der Trainer lässt sich oft etwas Neues einfallen.
Heute Nachmittag zum Beispiel wird gegrillt.
Schade nur, dass das Wetter so schlecht ist.
Jetzt müssen sie in der Kantine essen.
Der Grill bleibt natürlich draußen stehen.

Peter hilft dem Trainer draußen beim Grillen.

„Es läuft gut, was, Peter?", meint der Trainer.

Peter nickt.

„Mir macht es Spaß im Kader.

Früher habe ich auch schon gern Fußball gespielt.

Aber jetzt ... ist es ganz anders.

Als ob wir alle zusammengehören."

„Ihr seid ein gutes Team", sagt der Trainer.

„Ich glaube, dass ein paar von euch

echte Spitzen-Spieler werden."

Peter schaut den Trainer überrascht an.

„Ein paar? Nicht alle?"

Der Trainer wendet das Fleisch auf dem Grill.

Er schüttelt den Kopf.

„Nein, nicht alle."

„Wer denn nicht?", fragt Peter.

Der Trainer lacht.

„Das kann ich jetzt noch nicht sagen.

Aber so ist es immer.

Aus einer sehr guten Gruppe von 20 Spielern

schaffen es drei oder vier ganz nach oben.

Es sind nie mehr. Es gibt viele Ausfälle."

Pech

Peter starrt eine Weile stumm auf den Grill.
Das Fleisch wird schon ziemlich braun.
Aber das sieht er nicht.
„Du bist enttäuscht", meint der Trainer.
Peter nickt.
„Ich dachte, wir werden alle Spitzen-Spieler."
„Ihr seid noch sehr jung", meint der Trainer.
„Es kann noch so viel passieren, bevor ihr 18 seid."
„Was denn?", fragt Peter.

„Vor ein paar Jahren gab es einen Jungen im Kader.
Er hatte wirklich Talent.
Er war unglaublich geschickt mit dem Ball.
Schnell im Spiel.
Er wusste immer genau, wo er stehen musste.
Er spielte ab und zu in der ersten Mannschaft.
So gut war er. Dabei war er erst 15."

„Und?", fragt Peter.
„Er hatte einen Unfall", antwortet der Trainer.
„Er fuhr mit dem Fahrrad zur Schule
und wurde angefahren.

Von einem Lastwagen.
Beide Beine waren gebrochen."
„Aber davon hat er sich doch wieder erholt, oder?",
fragt Peter erschrocken.
„Oh ja, die Beine sind gut verheilt",
erzählt der Trainer.
„Der Junge kann wieder gehen, laufen und treten.
Aber er ist nicht mehr so schnell und wendig.
Er konnte nicht mehr zurück in den Kader.
Jetzt spielt er in der zweiten Mannschaft."

Peter schüttelt den Kopf.
„War der Unfall seine Schuld?", fragt er dann.

„Nein", meint der Trainer. „Der Fahrer war schuld.
Die Versicherung musste dem Jungen
eine Menge Geld zahlen.
Weil er ein Spitzen-Fußballer geworden wäre.
Jetzt repariert er Fahrräder.
Aber schau: Das Fleisch ist fertig.
Wir können es jetzt nach drinnen bringen."

Peter bringt das Fleisch in die Kantine.
Dieser Junge hat richtig Pech gehabt, denkt er.

Eine Menge Geld

Kelvin und Peter radeln gemeinsam nach Hause.
„Der Trainer hat mir etwas erzählt", fängt Peter an.
„Von einem Jungen wie wir,
der einen Autounfall hatte."
Kelvin nickt.
„Karl", meint er. „Karl Kluwer aus der zweiten Liga."

„Kennst du ihn?", fragt Peter.
„Ja", meint Kelvin.
„Er hat damals mit meinem Bruder gespielt."
„Dein Bruder war auch im Jugend-Kader?
Wo spielt er denn jetzt?", fragt Peter erstaunt.
Kelvin grinst.
„Mein Bruder spielt überhaupt nicht mehr Fußball.
Er studiert jetzt Jura.
Langweilig, Mann."

Peter ist verwirrt.
„War dein Bruder nicht gut genug?"
Kelvin widerspricht.
„Mein Bruder war echt gut.
Fast so gut wie Karl.

Aber als Karl den Unfall hatte,
hörte mein Bruder einfach auf.
Ich weiß auch nicht, warum.
Plötzlich hatte er keine Lust mehr.
Er sagte zu mir, dass man so viel opfern muss.
Und dass dann alles plötzlich vorbei sein kann."

Peter radelt schweigend weiter.
Er ist ganz in Gedanken versunken.
Heute Morgen war er noch so glücklich.
Da dachte er noch, dass er ein Spitzen-Spieler wird.
Und jetzt sieht alles anders aus.
Er hat verstanden:
Nicht jeder gelangt an die Spitze.
Vielleicht gelingt es auch ihm nicht.
Und Kelvin auch nicht.

„Was ist mit uns?", fragt Peter.
„Wir wollen doch ganz nach oben, oder?"
Kelvin nickt.
„Ja, natürlich. Ich will nach England.
Das hab ich dir schon erzählt."
„Warum gerade England?", fragt Peter.
„Warum bleibst du nicht hier?"

„Mein Bruder wollte auch immer nach England",
meint Kelvin.

„Ich glaube, es ist seinetwegen.

In England ist Fußball viel beliebter als hier.

Fußballer sind dort echte Stars.

Sie verdienen auch viel mehr.

Und das will doch jeder, oder?"

Peter denkt nach.

Dann nickt er.

Ja, das will jeder.

Kein Problem

„In den Sommerferien gibt es
ein Trainingslager in England", meint Peter.
Seine Mutter schaut ihn ernst an.
„Ich weiß nicht", zögert sie.
„Deine Schwester geht nach den Ferien
auf eine andere Schule.
Das kostet eine Menge Geld, weißt du.
Und wir möchten dieses Jahr auch in Urlaub fahren.
Ich habe lange dafür gespart.
Wir haben endlich genug Geld
für einen gemeinsamen Urlaub in Suriname."

Peter weiß nicht, was er darauf antworten soll.
Suriname, ja, das ist cool.
Sie fliegen nicht oft dorthin.
Das letzte Mal waren sie vor fünf Jahren dort.
In Suriname wohnen viele Verwandte.
Es ist wirklich schön, sie alle wiederzusehen.
Aber ein Trainingslager in England ist auch cool.
Irgendwie findet Peter das cooler als Suriname.
„Ich möchte lieber nach England", meint Peter.
„Lieber als nach Suriname."

Seine Mutter ist enttäuscht.
Peter versteht sie.
Es wäre ihr natürlich lieber, wenn alle dabei sind.

„Als Profi-Fußballer verdiene ich später mal
eine Menge Geld", meint Peter.
„Dann fliegen wir jedes Jahr
zusammen nach Suriname."
Peters Mutter lacht.
„Ja, ja", sagt sie.
„Darf ich?", fragt Peter. „Bitte, Mama."
Die Mutter seufzt.
„Also gut", meint sie.
„Ich sags gleich den anderen!", ruft Peter aufgeregt.

„Warte mal noch", sagt seine Mutter.
„Du kannst nur nach England,
wenn dein Zeugnis gut ist.
Wenn du sitzenbleibst, wird nichts daraus."
Oh je ..., denkt Peter.
Aber laut sagt er:
„Kein Problem!"
Und schon ist er am Telefon.

Ein Zeitplan

Peter muss sich anstrengen.
Er hat in letzter Zeit nicht viel für die Schule getan.
Fußball war immer wichtiger.
Oft hat er seine Hausaufgaben nicht gemacht,
weil er zum Training musste.

„Mach dir einen Zeitplan", hat seine Mutter gesagt.
„Damit du dir deine Zeit gut einteilen kannst."
Also schreibt Peter einen Zeitplan.
Vor ihm liegen sieben Blatt Papier.
Ein Blatt für jeden Tag.
Jeden Tag teilt er in 15 Stunden:
von 7 Uhr morgens bis 22 Uhr abends.
Für jede Stunde schreibt Peter etwas auf.
An erster Stelle stehen die Fußball-Turniere.
Das muss sein.
Dann die Schule.
Das muss auch sein.
Und das Training ist natürlich auch wichtig.
Aber vielleicht nicht jeden Tag.
Peter überlegt hin und her.
Lauftraining muss nicht jeden Tag sein.

Hausaufgaben schon.
Er braucht auch Zeit, um zu essen und zu duschen.

„Denk auch an deine Aufgaben hier im Haus“,
sagt seine Mutter.
„Mittwochs einkaufen, samstags den Rasen mähen.
Und sonntags räumst du dein Zimmer auf.“
Peter seufzt. So wird das nichts.
Sein Tag hat nicht genug Stunden.

Da kommt seine Schwester Jule herein.
„Kannst du mir nicht helfen?“, fragt Peter.
„Große Brüder können doch immer alles selbst,
oder?“, meint Jule und grinst.
Ihr Blick fällt auf den Zeitplan.
Sie fängt an zu lachen.
„Man muss nicht jeden Tag
eine Stunde lang duschen“, sagt sie dann.
„Und du brauchst keine ganze Stunde
mit dem Rad von der Schule nach Hause.
Teil die Stunden in halbe Stunden auf.
Dann kannst du deine Aufgaben besser verteilen.
Vielleicht passt es ja dann.“

Geschenke

Die Schule schafft Peter gerade so.
Er bleibt jedenfalls nicht sitzen.
Sein Zeugnis ist allerdings nicht besonders gut.
Aber das ist ihm egal.
Er hat es geschafft und darf nach England.
Peter radelt gut gelaunt nach Hause.

Jule hat ihm viel geholfen.
Sie übernahm oft das Einkaufen am Mittwoch.
Und ab und zu räumte sie sein Zimmer auf.
Das war wirklich nett von seiner Schwester.
Und seine Mutter half ihm bei den Hausaufgaben.

Ich will den beiden etwas Gutes tun, denkt Peter.
Ohne sie hätte ich das alles nicht geschafft!

Peter fährt mit dem Fahrrad zum Einkaufszentrum.
Es gibt dort einen netten Laden für Geschenke.
Vielleicht findet er dort etwas für Jule.
Für seine Mutter wird er
einen großen Blumenstrauß kaufen.
Das steht schon fest.

Peter schaut sich im Laden um.
Was würde Jule gefallen?
Die Auswahl ist groß.
Es gibt ziemlich alberne Dinge.
Ein Trinkspiel. Ein schiefes Bierglas.
Aber das ist alles nichts für Jule.

„Kann ich dir helfen?", fragt ein Mädchen.
Peter schaut auf.
Das Mädchen sieht ihn überrascht an.
„Hey, du bist doch der Bruder von Jule, oder?",
fragt sie. „Der Fußballer."

Jetzt ist Peter überrascht.
„Äh, ja", meint er zögernd.
Und denkt: Wer ist dieses Mädchen?
Sie ist sehr hübsch.
Ist sie eine Freundin von Jule?
Peter hat sie noch nie gesehen.
Oder doch?

Amber

„Was suchst du denn?", fragt das Mädchen.

„Etwas für Jule", antwortet Peter.

„Oh, hat sie Geburtstag?"

„Nein", sagt Peter.

„Sie hat mir geholfen.

Ich hatte einfach viel zu tun.

Ich musste für die Schule lernen.

Aber ich musste auch trainieren.

Ich hatte kaum Zeit für andere Dinge.

Jule hat mir eine Menge abgenommen."

Das Mädchen schaut ihn fragend an.

„Na ja, im Haus und so", meint Peter.

„Du weißt schon: einkaufen, abwaschen.

Solche Sachen."

„Oh", meint das Mädchen nur.

Dann nickt sie.

„Ich weiß da vielleicht was", sagt sie dann.

Sie geht durch den Laden

und nimmt etwas von einem Tisch.

„Das hat ihr richtig gut gefallen, als sie hier war.

Sie wollte es kaufen, aber es war ihr zu teuer."

Das Mädchen hält ihm etwas hin.
Es ist ein dünnes Buch in einem Umschlag
aus weichem Fell.

„Es ist ein Tagebuch", sagt das Mädchen.
„Der Umschlag ist aus künstlichem Fell.
Das hier ist ein Tigerfell.
Aber es gibt auch Zebras. Und Kühe."
Peter lacht. „Zeig sie mir mal", sagt er.

Schließlich entscheidet sich Peter für das Kuhfell.
„Jule hat Kühe früher sehr gemocht", sagt er.
„Mit Tigern fängt sie nicht so viel an, glaube ich."
Das Mädchen wickelt das Tagebuch
in Geschenk-Papier und verziert es
mit einer Schleife und einem Danke-Aufkleber.
„Ich hoffe, es gefällt Jule", sagt sie zu Peter.
„Sag ihr Grüße von mir."

Peter nickt. „Wird gemacht."
Auf dem Weg zur Tür dreht er sich um.
„Wie heißt du noch mal?", fragt er.
„Amber", antwortet das Mädchen.

Das Leben ist schön

Jule freut sich über das Tagebuch.
Peters Mutter freut sich über die Blumen.
Und Peter ist rundum zufrieden.
Jule hat ihm von Amber erzählt.
Amber und Jule gehen zusammen
in den Schwimm-Unterricht.
Sie reden oft über Peter.
Amber findet, dass Peter wirklich gut aussieht.
Sie hat ihn beim Fußball-Spielen beobachtet.

Peter sitzt auf dem Balkon in der Sonne.
Wann hat Amber ihn wohl beobachtet?
Als er das tolle Tor schoss, über den Torwart hinweg?
Oder als er vier Gegner auf einmal überholte?
Wenn er nur besser aufgepasst hätte.
Er achtet nie auf die Zuschauer.
Er konzentriert sich eigentlich nur auf das Spiel
und auf den Trainer.
Oft kommen die Väter der anderen Jungs
und schauen zu.
Die Jungs schauen ab und zu, ob ihre Väter da sind.
Sie möchten, dass ihr Vater sieht, wie gut sie sind.

Aber Peters Vater lebt in Suriname,
seit die Eltern sich getrennt haben.
Er kann nicht mal eben kommen und zusehen.

Amber findet Peter wirklich toll, sagte Jule.
Peter betrachtet sein Spiegelbild in der Balkontür.
Er ist groß und schlank.
Er hat kurze, schwarze Locken.
Seine Haut ist hellbraun.
Sieht er wirklich gut aus?
Hm, wenn Amber das sagt ...
Sie ist wirklich ein sehr hübsches Mädchen.
Mit ihren langen, braunen Locken.
Und den großen, dunklen Augen.
Die Jungs laufen sicher alle hinter Amber her,
denkt Peter.
Aber sie hat sich gerade ihn ausgesucht.
Toll!
Ach, das Leben ist schön, denkt Peter.
Es ist Sommer, die Sonne scheint.
Er hat das Schuljahr bestanden.
Er darf nach England.
Und er kennt jetzt Amber.

Wieder daheim

Peter genießt die Ferien und den Sommer.
Das Trainingslager ist großartig.
Die Jungs spielen gegen englische Mannschaften.
Sie sprechen mit den englischen Spielern
über ihre Zukunftspläne.
Die englischen Spieler möchten alle
für den Verein Manchester United spielen.

Das Trainingslager ist viel zu schnell vorbei.
Die Jungs haben keine Lust, nach Hause zu fahren.
Denn sie haben viel Spaß zusammen.
Sie haben einen Ausflug nach London gemacht.
Und eine Radtour mit dem Mountainbike.
Sie waren einen Tag an der englischen Küste.
Und natürlich haben sie Fußball gespielt:
Training und Turniere.
Aber alles geht zu Ende.
Auch das englische Trainingslager.
Sie sind bereits wieder auf dem Schiff nach Hause.

Peter steht draußen auf dem Deck.
Er blickt aufs Meer hinaus.

Das Schiff ist schnell unterwegs.
Es ist windig und die Wellen schlagen hoch.
Peter schmeckt das salzige Wasser auf den Lippen.
Morgen ist er wieder zuhause.
Dann sieht er Amber wieder.
Seine Mutter und Jule sind noch in Suriname.
Die kommen erst nächste Woche nach Hause.
Peter ist eine Woche lang allein zuhause.
Aber das ist kein Problem.

Findet Amber ihn wohl immer noch so toll?
Vielleicht hat sie jemand anderen getroffen …
Peter war schließlich vier Wochen weg.
Das ist eine lange Zeit.
Eigentlich sind sie auch nicht wirklich ein Paar.
Nach dem Besuch im Laden hat er Amber
nur zweimal gesehen.
Einmal bei sich zuhause.
Jule hat Amber mit nach Hause gebracht.
Und einmal im Einkaufszentrum.
Da haben sie sich zufällig getroffen.
Sie haben Kaffee zusammen getrunken.
Und geredet.
Über Fußball und andere Dinge.

Allein zuhause

Es fühlt sich komisch an, so allein im Haus.
Peter vermisst seine Fußball-Freunde.
Und er vermisst Jule und seine Mutter.
Er kann jetzt alles tun, was er sonst nicht darf.
Die Füße auf den Tisch legen.
Das schmutzige Geschirr stehen lassen.
Das Bett nicht machen.
Doch schon bald macht ihm das keinen Spaß mehr.

Er ruft Amber an.
Sie freut sich sehr über den Anruf.
„Sollen wir etwas unternehmen?", fragt Peter.
„Musst du nicht Fußball spielen?", fragt Amber.
„Nein, ich habe zwei Wochen Pause.
Danach fängt das Training wieder an.
In sechs Wochen gibt es wieder Wettkämpfe.
Aber jetzt habe ich Zeit für dich."
„Klasse!", erwidert Amber.
„Was schlägst du vor?"
Tja, darüber hat Peter noch nicht nachgedacht.
Eigentlich macht er nie etwas anderes
als Fußball spielen.

„Komm doch zu mir", meint er dann.

„Ich bin allein zuhause.

Ich kann für uns kochen.

Wir können uns einen Film ansehen.

Wir können auf dem Balkon in der Sonne sitzen."

„Oh", sagt Amber.

„Willst du etwas anderes machen?", fragt Peter.

„Nein, ist in Ordnung. Ich komme",
sagt Amber schnell.

Eine halbe Stunde später steht Amber vor der Tür.

Sie ist noch schöner als in meiner Erinnerung,
denkt Peter.

„Hallo!", sagt Amber.

„Hallo!", antwortet Peter.

„Ich bin mit dem Fahrrad da", meint Amber.

„Das Wetter ist schön.

Vielleicht können wir in den Wald radeln."

Peter nickt.

„Ja, gute Idee!", meint er.

Sie radeln mit den Fahrrädern Richtung Wald.

Irgendwo ruhen sie sich im Gras aus.

Dann kaufen sie sich ein Eis an einem kleinen Kiosk.
Sie reden über alles Mögliche.
Auch über Fußball.

„Wie sieht dein Leben wohl in zehn Jahren aus?",
fragt Amber.
„Dann bist du natürlich ein berühmter Fußballer.
Vielleicht erinnerst du dich dann
gar nicht mehr an mich."

Erdbeereis

Peter sieht Amber überrascht an.
„Natürlich erinnere ich mich dann noch an dich!",
sagt er.
„Also, ich hoffe ..." Peter zögert.
„Was?", fragt Amber.
„Was hoffst du?"
„Ich hoffe, dass du dann meine Freundin bist.
Oder meine Frau", fügt Peter hinzu.
Oh, das wollte er eigentlich gar nicht sagen.
Sie haben sich ja gerade erst kennengelernt.
Dann sagt man so etwas nicht.
Zu blöd.

Aber Amber sieht das anders.
„Ich wäre gerne die Frau
von einem berühmten Fußballer",
sagt sie und lacht.
Sie rückt näher an Peter heran.
Und lehnt den Kopf an seine Schulter.
Peter legt einen Arm um sie.
So bleiben sie eine Weile sitzen.
Ohne zu reden.

Schließlich fragt Peter:
„Sollen wir zurückradeln?"
Er sieht Amber an und bricht in Gelächter aus.
„Dein Eis. Du bist ja ganz verschmiert", sagt er.
Amber will sich den Mund abwischen,
aber Peter hält ihre Hand fest.
Sanft küsst er sie auf den Mund.

„Mmmm", macht er dann.
„Schmeckt gut, Erdbeereis",
sagt Amber leise und lächelt Peter an.
„Nein, du schmeckst gut", sagt Peter ernst.
Dann küsst er sie wieder.

Wie schön das ist, denkt Peter.
Zum ersten Mal küsst er ein Mädchen.
„Sind wir jetzt zusammen?", fragt Amber.
Peter nickt.
„Und wie!", sagt er lachend.

Hand in Hand gehen sie zu ihren Fahrrädern.
Hand in Hand radeln sie zurück.

Die Krankheit

Jule und die Mutter sind wieder zuhause.
Der Urlaub in Suriname hat ihnen gut gefallen.
Die beiden erzählen und erzählen.
Über das schöne Wetter.
Über das gute Essen.
Über die Verwandten.
Peter hört nur halb zu.
Er fühlt sich plötzlich ein bisschen krank.
Eigentlich würde er lieber ins Bett gehen.

„Wie war es in England?",
fragt seine Mutter.
„Hat es dir im Trainingslager gefallen?"
Peter nickt.
Er erzählt vom Trainingslager.
Und er erzählt von Amber.
„Wie mich das freut!", ruft Peters Mutter.
„Mein Sohn hat eine Freundin."

„Aber jetzt gehe ich ins Bett", sagt Peter.
Seine Mutter schaut ihn überrascht an.
Ins Bett?

Es ist neun Uhr!
Das passt überhaupt nicht zu Peter.
Sie schaut ihn sich genauer an.
„Deine Augen sind entzündet", sagt sie.
Sie legt ihm die Hand auf die Stirn.
„Und du hast Fieber.
Hast du auch gut für dich gesorgt?"

„Ja, Mama", antwortet Peter.
„Ich verstehe es auch nicht.
Ich habe jeden Tag Obst gegessen.
Ich bin jeden Tag draußen gewesen.
Und ich habe auch viel geschlafen."

„Ist Amber auch krank?", fragt Jule.
Amber? Peter schüttelt den Kopf.
„Nein, davon weiß ich nichts."

„Vielleicht ist es morgen ja vorbei",
sagt Peters Mutter.
„Wir legen uns auch hin.
Wir haben eine lange Reise hinter uns.
Es tut uns allen gut, auszuruhen.
Morgen sehen wir weiter."

Doch am nächsten Tag fühlt sich Peter
noch schlechter.
Seine Mutter ist besorgt.
Sie ruft den Arzt an.
Der Arzt kommt sofort.
Er untersucht Peter gründlich.
„Du solltest ins Krankenhaus", sagt er dann.
„Ich traue der Sache nicht."

Im Krankenhaus

Peter ist nun schon seit einer Woche
im Krankenhaus.
Über seinem Bett hängt eine Flasche
mit flüssigen Medikamenten.
Über einen Schlauch gelangen sie in seinen Arm.
Peter kann die Medikamente
nicht selbst einnehmen.
Dafür ist er zu krank.
Er schläft den ganzen Tag und die ganze Nacht.

Jule und seine Mutter sitzen oft neben ihm.
Sie sagen nicht viel.
Sie halten Peters Hand.
Ab und zu wacht Peter auf.
Dann sieht er sie einen Moment lang an.
Manchmal lächelt er.
Und dann schläft er wieder ein.

„Er hat Meningitis", hat der Arzt gesagt.
„Dabei entzündet sich die Hirnhaut."
Peters Mutter schaut ihn erschrocken an.
„Und was bedeutet das?", fragt sie.

„Meningitis ist gefährlich", erklärt der Arzt.
„Es ist eine schwere Krankheit.
Man kann daran sterben."

Doch Peter geht es bald schon ein wenig besser.
Der Arzt ist sich auch schon sicher,
dass Peter nicht sterben wird.

„Wird er wieder ganz gesund?", fragt Peters Mutter.
„Das kann ich noch nicht sagen", meint der Arzt.
„Wir müssen abwarten."

Peter bekommt nichts mit von diesen Gesprächen.
Die meiste Zeit schläft er.
Aber wenn er wach ist, hört er auch nichts.
Er sieht, dass seine Mutter etwas zu ihm sagt.
Aber er hört nicht, was sie sagt.
Ich bin wohl ziemlich krank, denkt Peter.
Am besten schlafe ich.
Dann wird es schneller vorbei sein.
Vielleicht kann ich dann nächste Woche
wieder zum Training.

Taub?

Aber so schnell geht es nicht.
Zwar geht es Peter mit der Zeit immer besser.
Er hat kein Fieber mehr.
Sein Kopf tut nicht mehr so weh.
Er schläft nicht mehr die ganze Zeit.
Aber er kann immer noch nichts hören.
Er sieht, wenn jemand redet.
Und selbst sprechen kann er auch.
Er hört sich sogar selbst.
Aber er hört die anderen nicht.

Dennoch ist es nicht ganz still in seinem Kopf.
Er hört immer ein Rauschen.
Wenn seine Mutter ihm übers Haar streicht,
hört er das auch.
Wenn er sich umdreht,
hört er seinen Kopf auf dem Kopfkissen.
Wenn er seinen Kopfhörer ans Ohr hält,
hört er auch etwas.
Es ist nicht wirklich Musik.
Das nicht.
Aber es sind Geräusche.

„Ich kann kaum etwas hören", sagt Peter zum Arzt.

„Ist das Teil meiner Krankheit?"

Der Arzt nickt.

Er sagt auch etwas.

Aber Peter weiß nicht, was.

Der Arzt schreibt es auf einen Zettel.

Wir werden deine Ohren testen, steht da.

„Warum?", fragt Peter.

Du hattest eine Hirnhaut-Entzündung,
schreibt der Arzt.

Peter kann das lange Wort kaum lesen.

Manchmal wird man davon taub,
schreibt der Arzt weiter.

Taub?

Nein, das kann nicht sein.

Ab und zu glaubt Peter, etwas zu hören.

Eine Tür, die geöffnet wird.

Das Geräusch von Schritten.

Aber sofort ist es wieder weg.

In seinem Kopf ist es jedoch nie still.

Er ist also nicht taub.

„Das wird schon vorbeigehen", sagt Peter.

Das hoffe ich, schreibt der Arzt.

Willkommen zuhause

Peter darf das Krankenhaus endlich verlassen.
Zuerst werden seine Ohren nochmal untersucht.
Von allen möglichen Ärzten.
Es ist ziemlich seltsam:
Manchmal öffnen sich seine Ohren
für einen Moment.
Dann kann er hören.
Und dann schließen sich seine Ohren wieder.
Manchmal nach zehn Minuten.
Manchmal schon nach zehn Sekunden.

Peters Mutter und Jule holen ihn
aus dem Krankenhaus ab.
Sie sind froh, dass er nach Hause darf.
Auch Peter freut sich.
Er weiß, dass er hätte sterben können.
Zum Glück ist das nicht passiert.
Aber die Sache mit den Ohren ...

Draußen am Haus hängt ein Laken
mit der Aufschrift:
Willkommen zuhause!

Das haben seine Fußball-Freunde aufgehängt.
Sie sind alle da.
Auch sein Trainer ist gekommen.
Die Nachbarn sind da.
Und Amber.
Sie umarmt ihn und küsst ihn.
„Schön, dass du wieder daheim bist", sagt sie.
Peter hört sie nicht wirklich.
Aber er begreift, was sie sagt.

Sie trinken Kaffee.
Es gibt Kuchen.
Abwechselnd wollen alle mit Peter reden.
Wenn Peter sich sehr anstrengt,
versteht er sie ein bisschen.
Aber es kostet ihn viel Kraft.
All diese Menschen.
Er war drei Wochen im Krankenhaus.
Alleine in einem Zimmer.
Dort war es sehr still.

Seine Mutter sieht, wie es Peter geht.
Sie unterhält sich eine Weile mit den Gästen.
Sie nicken. Sie verstehen.

Dann verabschieden sie sich von Peter.
Die Fußball-Freunde fragen:
„Sehen wir dich nächste Woche?"
Sie machen eine Fußball-Bewegung mit den Beinen.
Peter nickt.
Natürlich wird er wieder zum Training kommen.

Auch Amber verabschiedet sich.
„Kommst du morgen wieder?", fragt Peter.
Amber schüttelt den Kopf.
„Übermorgen", antwortet sie.
„Übermorgen ist auch gut", meint Peter.

Nicht mehr wie früher

Peter tut alles, um wieder der alte Peter zu werden.
Er geht zum Training.
Dann macht er das nach, was die anderen Jungs tun.
Das geht ganz gut.
Trotzdem macht es ihm weniger Spaß als früher.
Manchmal müssen die Jungs über etwas lachen.
Aber dann weiß Peter nicht, was so lustig ist.
Und Peter kann die Anweisungen des Trainers
nicht hören.

Doch alle nehmen Rücksicht auf ihn.
Der Trainer stellt sich vor ihn.
Er redet mit Händen und Füßen.
Manchmal schreibt er etwas auf.
Die Jungs machen ihm alles vor.
Dann kann Peter es nachmachen.
Aber es ist nicht mehr wie früher.

Zuhause geht es einigermaßen.
Jule und Peters Mutter sprechen
sehr laut und deutlich.
Manchmal versteht er sie.

Wenn er sie nicht versteht, schreiben sie es auf.
Oder sie machen Bewegungen mit der Hand.

Amber versucht es auch mit Händen und Füßen.
Oder sie schreibt etwas auf.
Aber trotzdem ...
Das ist alles so mühsam.

In der Schule läuft es dagegen überhaupt nicht gut.
Peter versteht nichts von dem,
was die Lehrer sagen.
Er sitzt einfach nur da.
Er kann natürlich aus Büchern lernen.
Aber wenn er etwas nicht versteht,
kann es ihm niemand erklären.
Ich kann genauso gut zuhause bleiben, denkt Peter.
Zuhause komme ich schon alleine zurecht.
Mit meinen Büchern.

Er ging früher so gerne zum Sport-Unterricht.
Aber jetzt macht es überhaupt keinen Spaß mehr.
Er macht ständig etwas falsch.
Er läuft weiter, wenn der Lehrer abgepfiffen hat.
Er weiß nicht, warum alle lachen.

Sie lachen mich aus, denkt er oft.

Sie denken natürlich: der blöde Taube.

Das stimmt zwar nicht.

Die anderen denken nichts Schlechtes über ihn.

Aber das weiß Peter nicht.

Alles futsch?

Nach ein paar Wochen gibt Peter auf.
Er strengt sich so an.
Aber irgendwie geht alles schief.
Beim Fußball-Training. In der Schule.
Und mit Amber.

„Ich will nicht mehr in die Schule",
sagt Peter zu seiner Mutter.
„Ich gehe auch nicht mehr zum Training.
Und Amber will ich auch nicht wiedersehen."
Seine Mutter versucht, mit ihm zu reden.
Sie streicht ihm über den Kopf.
„Probier es doch noch mal", meint sie.
„Vielleicht kannst du bald wieder hören.
Das ist durchaus möglich."
Doch Peter schüttelt den Kopf.
„Wenn ich wieder höre, dann sehe ich weiter",
sagt er.

Auch Jule spricht mit ihm.
„Du musst dir selbst noch eine Chance geben",
meint sie.

„Du kannst doch nicht dein ganzes Leben
zuhause rumsitzen.
Und da gibt es ja auch noch Amber.
Sie ist immer noch so verliebt in dich."
Doch Peter schüttelt wieder den Kopf.
„Amber will einen berühmten Fußballer heiraten",
antwortet er.
„Nicht einen tauben Verlierer.
Aber ohne zu hören werde ich nie berühmt.
Ich weiß nicht mal,
ob ich so den Schulabschluss schaffe."

Jule hat Tränen in den Augen.
„Du solltest nicht alles kaputt machen", meint sie.
„Das mach ich auch nicht", antwortet Peter.
„Das hat die Hirnhaut-Entzündung schon gemacht.
„Am besten, ich wäre daran gestorben.
Ich hab alles verloren.
Ich hab gar nichts mehr."

„Aber du hast uns", meint Jule.
„Das reicht nicht", erwidert Peter.
„Mein ganzes Leben ist futsch.
Ich kann nicht mal fernsehen."

„Du kannst Bücher lesen", meint Jule.
Aber Peter hat nie gerne gelesen.
Und wenn er sich jetzt ein Buch nimmt,
wandern seine Gedanken schnell weg von dem Buch.
Ständig denkt er an die blöde Krankheit.
Und was sie ihm alles genommen hat.

Peter legt sich aufs Bett.
Ich werde nicht wieder aufstehen, denkt er.
Ich bleibe hier einfach liegen.

Abschied

Alle versuchen, Peter aufzumuntern.
Der Trainer kommt vorbei.
Und auch ein paar Fußball-Freunde.
Der Junge von nebenan kommt.
Und ein paar Jungs aus der Schule.
Sogar ein Lehrer kommt zu Besuch.
Und natürlich auch Amber.
Sie alle haben Papier und etwas zu schreiben dabei.
Sie schreiben Ideen auf und zeigen sie ihm.
Sollen wir zusammen ins Schwimmbad gehen?
Hast du Lust, zusammen ein Segelboot zu mieten?
Sollen wir zusammen in die Disco gehen?
Sollen wir zusammen in einen Vergnügungspark?

Aber Peter sagt zu allem nein.
Er hat keine Lust auf irgendwas.
Er ist zu müde für alles.
Er will einfach nur im Bett liegen
und warten, bis er wieder hören kann.

Er schreibt ein paar Briefe.
Abschiedsbriefe.

Er schreibt Amber,
dass er sie nicht wiedersehen will.
Er schreibt dem Trainer,
dass er nicht mehr zum Training kommt.
Er schreibt der Schule,
dass er dort nichts lernen kann.

Peters Mutter macht sich Sorgen.
Sie hofft, dass Peter bald wieder hören kann.
Aber wenn nicht, was dann?
Peter kann nicht ewig im Bett bleiben
und sich vor den anderen verstecken.
Die Ärzte sagen zu ihr:
„Geben Sie ihm Zeit.
Er muss sich an das neue Leben gewöhnen.
Er hat so viel verloren.
Mit der Zeit wird es besser werden."
Aber Peters Mutter glaubt nicht daran.

Peter zieht sich ganz zurück.
Er will niemanden sehen.
Die Einzige, die immer in sein Zimmer darf, ist Jule.
Sie holt für ihn Comics aus der Bibliothek.
Peter mag Comics, das weiß Jule.

Sie sucht Filme für ihn aus.

Spannende Filme, mit Untertiteln.

So kann Peter die Filme auch verstehen.

Gemeinsam schauen sie sich Fußball-Spiele
im Fernsehen an.

Das haben sie früher auch oft und gern gemacht.

Daran hat sich nichts geändert.

Dazu trinken sie Cola und essen Chips.

Unerwartete Hilfe

Eines Tages klingelt es an der Tür.
Dann winkt jemand am Fenster.
Peter ist allein zuhause.
Jule ist in der Schule.
Seine Mutter ist arbeiten.

Peter seufzt und steht vom Sofa auf.
Er öffnet die Tür.
Dort steht ein großer Mann mit dunkler Haut.
Vor dem Mann stehen zwei große Kartons.
Peter sieht ihn erstaunt an.
„Sind Sie hier richtig?", fragt Peter.

Der Mann nickt.
Er zeigt auf die Kartons.
„Sind die für uns?", fragt Peter.
Und wieder nickt der Mann.
Er nimmt einen der Kartons hoch
und trägt ihn ins Haus.
Peter trägt den anderen Karton.
Er ist schwer.
Im Wohnzimmer stellen sie die Kartons ab.

Jetzt muss ich wohl irgendwo unterschreiben,
denkt Peter.

Doch der Mann setzt sich aufs Sofa.
Er macht eine Bewegung, die sagen soll:
Komm und setz dich neben mich.
Er schaut Peter freundlich an.
Ziemlich seltsam, denkt Peter.
Der Mann hat noch kein einziges Wort gesagt.
Wie kann der fremde Mann wissen,
dass ich nicht gut höre?

Peter setzt sich neben den Mann.
Der fängt an zu reden und sieht Peter dabei an.
Er spricht ganz langsam.
Er benutzt auch die Hände dabei.
Peter kann alles gut begreifen.
„Erkennst du mich denn nicht?", fragt der Mann.
Er schaut Peter breit grinsend an.
„Ich bin dein Vater.
Ich bin gekommen, um dir zu helfen."

Peter schüttelt den Kopf.
Der Mann sieht tatsächlich wie sein Vater aus.

Aber das kann doch nicht sein!

„Mein Vater ist in Suriname", sagt Peter.

„Ich habe ihn schon lange nicht mehr gesehen.

Das letzte Mal ist schon Jahre her."

„Das stimmt", sagt der Mann.

„Aber jetzt ist dein Vater hier."

Peter weiß nicht, was er sagen soll.

Sein Vater? Hier?

Damit hat er überhaupt nicht gerechnet.

Deshalb hat Peter seinen Vater auch nicht erkannt.

„Wie .... wer hat es dir erzählt?", fragt Peter.

„Jule hat mich angerufen", antwortet sein Vater.

„Ich weiß, dass du nicht gut hören kannst.

Ich weiß, dass du darunter leidest."

Er sieht Peter lange an.

Dann zeigt er auf die Kartons.

„Mach sie doch mal auf", sagt er.

„Dieses Geschenk wird dir helfen."

Eine andere Sprache

Peter öffnet den ersten Karton.
Er hat es sich schon gedacht: ein Computer.
Im anderen Karton ist der Bildschirm.
Peter macht ein fröhliches Gesicht.
Zum ersten Mal seit Wochen.
Auch sein Vater lächelt.
„Freust du dich darüber?", fragt er.
„Ich wollte schon immer einen Computer",
meint Peter.
„Aber wir konnten es uns nicht leisten.
Computer sind teuer."

„Du brauchst jetzt einen Computer",
meint sein Vater.
„Dann können wir per E-Mail in Kontakt bleiben.
Ich möchte wissen, wie es dir geht.
Ich möchte wissen, ob du traurig bist.
Ich habe lange nichts von mir hören lassen.
Aber jetzt ist es Zeit, das wieder zu ändern."

„Ist der Computer nur für E-Mails?",
fragt Peter überrascht.

„Natürlich nicht", sagt sein Vater.
„Man kann auch Spiele darauf spielen.
Und im Internet nach Informationen suchen.
Du kannst deine Hausaufgaben
am Computer machen.
Und man kann Gebärden-Sprache
am Computer lernen."

Peters Gesicht verdüstert sich sofort.
Gebärden-Sprache:
Darauf hat er überhaupt keine Lust.
Er will nicht taub sein.

Peter schüttelt den Kopf.
„Das mache ich nicht", sagt er.
„Ich habe die ganze Zeit Gebärden gemacht",
sagt sein Vater.
„Du konntest mich gut verstehen.
Du brauchst die Gebärden-Sprache.
Und ich brauchte sie auch."

Peter schaut den Vater fragend an.
„Bei meiner Mutter brauchte ich früher
Gebärden-Sprache", erklärt sein Vater und lächelt.

„Sie war taub.
Sie hat mir die Gebärden-Sprache beigebracht.
Ich habe das immer gemocht."

„Hm", macht Peter.
Er ist immer noch nicht überzeugt.

Familie

Peters Vater ist sehr geschickt.
Er schließt den Computer im Wohnzimmer an.
Peter möchte den Computer lieber
in seinem eigenen Zimmer haben.
Doch sein Vater findet, das ist keine gute Idee.

„Du darfst nicht nur in deinem Zimmer sitzen
und dich verkriechen", meint er.
„Und so können auch Jule und deine Mutter
den Computer benutzen."
Ja, da hat er recht, denkt Peter.

Sein Vater erklärt ihm, wie alles funktioniert.
Er hat eine Menge Spiele gekauft.
Und ein Video mit Gebärden-Sprache.
Auch an den Internet-Anschluss hat er gedacht.

Peter ist ganz begeistert.
So ein tolles Geschenk hat er noch nie bekommen.
„Du bist sicher sehr reich, was?", meint Peter.
„Du kommst mit dem Flugzeug aus Suriname.
Und du schenkst mir einen teuren Computer."

Peters Vater bricht in Gelächter aus.

Er schüttelt den Kopf.

„Ich habe nicht viel Geld, Peter.

Aber ich habe viele Verwandte.

Ich habe viele Brüder und Schwestern.

Ich habe viele Tanten und Onkel.

Ich habe ihnen gesagt, dass du krank bist.

Ich habe ihnen gesagt, dass du taub geworden bist.

Sie fragten mich, was sie tun können.

Ich habe gesagt, dass du einen Computer brauchst.

Und dann gaben sie mir alle etwas Geld.

Für den Flug und für den Computer.

So sind die Leute in Suriname.

Wir helfen uns gegenseitig."

Peter hört still zu.

Das ist schön, wenn man sich gegenseitig hilft.

Es ist auch ein bisschen seltsam, denkt Peter.

Jahrelang hörst du nichts von deinem Vater.

Und dann steht er plötzlich

mit einem Computer vor der Tür!

Ein kurzer Besuch

Als Jule aus der Schule kommt, freut sie sich riesig.
Sie ist so glücklich, dass ihr Vater da ist.
Jule fängt gleich an, etwas Gutes zu kochen.
Sie ruft ihre Mutter an:
„Komm schnell nach Hause. Papa ist da!"

Auch Peters Mutter freut sich.
Vor allem freut sie sich darüber,
dass Peter nicht mehr so traurig ist.
Er sitzt an seinem neuen Computer
und ist glücklich.

Der Vater erklärt allen das Gebärden-Video.
„Es ist gut, wenn ihr alle Gebärden-Sprache lernt",
meint er. „Es macht Spaß.
Und Peter braucht es wirklich."

„Das machen wir", meint Jule.
Sie weicht ihrem Vater nicht von der Seite.
„Bleib doch hier", sagt sie zu ihm.
„Du kannst in meinem Zimmer schlafen."
Doch ihr Vater schüttelt den Kopf.

„Ich gehe heute Abend zu Tante Esther",
antwortet er.
„Morgen muss ich zurück nach Suriname.
Ich kann nicht länger bleiben."

Jule ist enttäuscht.
Schade, dass er so bald wieder weg muss.
„Wie dumm. So viel Geld für den Flug,
und dann bleibst du nur so kurz", sagt sie.
„Das sehe ich anders", erwidert ihr Vater.
„Ich wollte Peter unbedingt sehen.
Ich wollte ihm den Computer selbst geben.
Ich war so neugierig, was er für ein Gesicht macht.
Ich bin sehr froh, dass ich gekommen bin.
Es war ein kurzer Besuch, aber er hat sich gelohnt."

Peters Mutter nickt.
Sie versteht ihn.
„So sind Eltern nun einmal", meint sie.
„Wenn etwas mit ihrem Kind ist, kommen sie.
Auch wenn es nur fünf Minuten sind."
Als Peters Vater das Haus verlässt, weinen alle vier.

Karl Kluwer

Der Computer hilft.
Peter liegt nicht mehr den ganzen Tag im Bett.
Er spielt Spiele.
Er schickt E-Mails an seine Fußball-Freunde.
Er schickt E-Mails nach Suriname.
Er chattet mit unbekannten Personen.
Peter findet das alles neu und spannend.
Er schaut sich alles Mögliche im Internet an.

Das Video mit der Gebärden-Sprache hat er sich
noch nicht angesehen.
Jule und seine Mutter schon.
Sie können schon ganz gut Gebärden-Sprache.
Aber Peter weigert sich immer noch.
Er will einfach nicht.

Eines Tages erhält Peter eine E-Mail von Karl Kluwer.
Ich komm dich besuchen, schreibt Karl.
Vielleicht weißt du nicht, wer ich bin.
Aber das werde ich dir dann erklären.
Ist es in Ordnung, wenn ich morgen komme?
So gegen zwei Uhr? Ist das okay?

Peter wundert sich.

Karl Kluwer? Das war doch der mit dem Unfall.

Der, von dem Kelvin ihm erzählt hatte.

Gut, antwortet Peter.

Am nächsten Tag steht Karl vor der Tür.

Es ist schwierig, mit Karl zu reden.

Peter möchte Karl alles Mögliche fragen.

Karl möchte Peter eine Menge erzählen.

Aber das Gespräch verläuft mühsam.

Sie verstehen einander nicht.

Karl schreibt etwas auf einen Zettel:

Ich schicke dir eine E-Mail.

Ich verstehe sehr gut, wie du dich fühlst.

Ich habe das alles selbst erlebt.

Ich glaube, ich kann dir helfen.

„Aber du kannst hören", sagt Peter.

„Du bist nicht taub wie ich."

Karl nickt. Das ist wahr.

Lass uns trotzdem per E-Mail schreiben, schreibt Karl.

Du kannst jederzeit aufhören,

wenn es dir nicht gefällt.

„Ja", sagt Peter.
„Einverstanden."

Am Abend erhält Peter bereits
die erste E-Mail von Karl.
Es ist eine sehr lange E-Mail.
Karl erzählt von seinem Unfall.
Von den Schmerzen in seinen Beinen.
Von dem Schmerz tief in ihm drin.

Jetzt sieht die Welt für dich ganz grau aus,
schreibt Karl.
Aber das wird nicht so bleiben.
Glaub mir.
Du wirst auch wieder glücklich sein.

Die Geschichte von Karl

Peter glaubt Karl nicht.
Er kann nie wieder so glücklich sein wie früher.
Aber die E-Mail von Karl tut ihm gut.
Karl berichtet über seine Erfahrungen.
Er hatte das Gefühl, nichts geht mehr.
Er schreibt, wie traurig er damals war.
Du verlierst nicht nur den Fußball, schreibt Karl.
Du verlierst auch deine Freunde.
Natürlich kannst du dir das Training anschauen.
Aber du gehörst nicht mehr dazu.
Das tut wirklich weh. Ich weiß.

Und dann erzählt Karl von seiner Arbeit.
Ich hab nie viel für die Schule getan, schreibt er.
Ich dachte: Ich werde später mal Fußballer.
Es spielt keine Rolle,
ob ich einen Abschluss mache oder nicht.
Aber nach dem Unfall hat sich das alles geändert.
Damals wollte ich überhaupt nicht mehr zur Schule.

„Ich such mir Arbeit", sagte ich meinen Eltern.
Beim Fahrrad-Geschäft suchten sie jemanden.

Sie suchten jemand, der Fahrräder reparieren kann.
Sie brauchten Hilfe, weil es zu viel Arbeit gab.
Ich bin hin und hab mir das angesehen.
Und ich mochte die Arbeit.
Ich habe dann selbst angefangen, viel Rad zu fahren.
Ich weiß jetzt alles über Rennräder.
Ich besuche oft Fahrrad-Messen.
Es macht mir alles wirklich Spaß.

Karl erzählt auch von seinem anderen Hobby:
Fußball.
Ich habe doch wieder angefangen zu spielen,
mailt er.
Ich habe es so sehr vermisst.
Ich spiele jetzt in der zweiten Mannschaft.
Das ist natürlich etwas anderes als in der ersten.
Aber mir gefällt es.
Und ich rede mit Leuten wie dir.
Jungs, die es nicht zum Spitzen-Spieler schaffen.
Sie hatten einfach Pech, oder einen Unfall.
Oder sie wurden krank, wie du.

Idiot

Gibt es viele Jungs wie dich und mich?, fragt Peter.
Oh ja, viel mehr, als du denkst, antwortet Karl.
Die meisten Jungs im Kader werden keine Profis.
Sie spielen vielleicht weiterhin Fußball.
Aber nicht als Profis.
Und all diese Jungs träumten davon,
ein Spitzen-Spieler zu werden.
All diese Jungs träumten von viel Geld.
Von schnellen Autos.
Von jubelnden Menschen und hübschen Mädchen.
Es ist schwer, wenn dieser Traum platzt.

Ich konnte dem Lastwagen die Schuld geben.
Der Fahrer war schuld.
Ich war wütend auf ihn.
Das hat geholfen.
Aber oft kann man niemandem die Schuld geben.
Wie bei dir.
Dann bist du wütend, aber auf wen?
Das ist einfach nur Pech.
Das passiert eben.
Und das musst du akzeptieren.

Peter denkt über die Zeilen von Karl lange nach.
Bist du mit deinem Leben zufrieden?, fragt er dann.
Denkst du nicht manchmal:
Wenn das nicht passiert wäre, dann …

Natürlich denke ich das manchmal, antwortet Karl.
Aber das bringt nichts.
Du kannst auch denken:
Wenn ich Willem-Alexander wäre, …
Dann wäre die schöne Máxima meine Frau.

Peter lacht.
Aber Karl hat recht.
Man muss mit dem zufrieden sein, was man hat.
Aber das ist manchmal schwierig.

Was soll ich tun?, fragt Peter.
Das, was du früher auch gemocht hast, schreibt Karl.
Das war nur Fußball, antwortet Peter.
Und das geht nicht mehr.
Denk nach, erwidert Karl.
Es muss noch was anderes geben.
Du hast doch Freunde und Freundinnen,
die nichts mit Fußball zu tun haben. Oder?

Peter denkt nach.

Ja, Amber.

Ich hatte eine Freundin, antwortet Peter schließlich.

Aber wir sehen uns nicht mehr.

Möchte sie dich nicht mehr sehen?, fragt Karl.

Ich weiß es nicht, antwortet Peter.

Ich habe mit ihr Schluss gemacht.

Ich dachte: Ich werde kein berühmter Fußballer.

Jetzt will Amber mich nicht mehr.

Idiot, mailt Karl zurück.

Wenn du etwas hast, das du liebst ...

Dann darfst du es nicht verlieren.

Es ist wertvoll, zu wertvoll,

um es einfach wegzuwerfen!

Vielleicht … vielleicht …

Peter muss lachen, als er Karls E-Mail liest.
Idiot.
Er überlegt.
Ja, vielleicht ist er ein Idiot.
Er hat nie mit Amber gesprochen.
Er hat sie nicht gefragt:
Willst du immer noch meine Freundin sein?
Er hat einfach Schluss gemacht.
Er hat Amber nicht einmal gesagt, warum.

Wie geht es Amber wohl?
Vermisst sie ihn?
Vielleicht hat sie einen neuen Freund.
Ich werde Jule fragen, denkt Peter.
Vielleicht … vielleicht …
will Amber mich immer noch.

Aber Jule kann ihm nicht helfen.
„Ich weiß es nicht", sagt Jule.
„Amber ist schon lange nicht mehr
zum Schwimmen gekommen."
Das hilft Peter also auch nicht weiter.

Was tun?

Ich gehe sie in dem Laden besuchen, denkt er.

Zum ersten Mal seit seiner Krankheit
fährt Peter wieder Rad.
Jule und seine Mutter schauen sich erleichtert an.
Peter fährt zum Einkaufszentrum.
Es ist schön, so dahin zu radeln.
Die Sonne scheint.
Der Wind weht ihm durchs Haar.
Peter muss aber gut aufpassen.
Denn er hört den Verkehr nicht mehr.

Peter stellt sein Fahrrad
vor dem Laden für Geschenke ab.
Er betritt den Laden.
Ein Mädchen kommt auf ihn zu.
Sie sagt etwas zu ihm.
Peter versteht sie nicht.
„Ich suche Amber", sagt er zu dem Mädchen.
„Arbeitet sie heute nicht?"
Das Mädchen schüttelt den Kopf.

Tränen

Enttäuscht radelt Peter nach Hause.
Zu blöd, dass Amber nicht da war.
Zu blöd, dass er das Mädchen in dem Laden
nicht verstanden hat.

Plötzlich muss er bremsen.
Ein Ball rollt direkt vor ihm auf die Straße.
Ein Junge rennt dem Ball hinterher.
Er sagt etwas zu Peter.
Dann schnappt er sich den Ball
und läuft zu seinen Freunden.
Peter schaut dem Jungen hinterher.
Die Jungs spielen miteinander Fußball.
Sie lachen und rufen.

Ich will doch mal beim Training zuschauen.
Mal sehen, wie das so ist, denkt Peter.
Er wendet das Rad.
Zum Fußballplatz geht es in die andere Richtung.
Quietschend und hupend bremst ein Auto.
Der Fahrer tippt sich
mit dem Zeigefinger an die Stirn.

Peter hat einen Moment vergessen,
dass er nichts hört.
Er muss jetzt immer ganz besonders gut aufpassen.

Zehn Minuten später ist Peter beim Fußballplatz.
Die Jungs spielen gegeneinander.
Kelvin schießt ein Tor.
Er reißt die Arme in die Luft.
Dann läuft er zum Rand vom Spielfeld.
Dort steht ein Mädchen.
Ein Mädchen mit langen, braunen Locken.
Ein Mädchen, das Peter gut kennt.
Amber.
Sie fällt Kelvin um den Hals und küsst ihn.
Kelvin läuft jubelnd zurück aufs Spielfeld.

Peter hat genug gesehen.
Er dreht sich um und fährt davon.
Er tritt in die Pedale, mit aller Kraft.
Schneller, noch schneller.
Peter fährt wie ein Wilder.
Er will einfach nur weg.
Ihm tränen die Augen, so schnell fährt er.

Die neue Schule

Peter hat zwei Briefe bekommen.
Ein Brief ist von seiner Schule.
Darin steht, dass Peter Probleme in der Schule hat.
Dass es besser für ihn ist,
wenn er auf eine andere Schule geht.
Eine Schule für Schüler mit Hör-Problemen.

Der zweite Brief ist von dieser besonderen Schule.
Peter kann kommen, heißt es in dem Brief.
Sie erwarten ihn am kommenden Montag.
Er wird mit dem Taxi abgeholt.
Und mit dem Taxi wieder nach Hause gebracht.

„Das ist doch wunderbar", meint Peters Mutter.
„Wie ein Prinz: Mit dem Taxi zur Schule!"
Peter macht ein verärgertes Gesicht.
Er will nicht mit dem Taxi fahren.
Er will nicht auf eine Sonder-Schule gehen.

„Du musst in die Schule", sagt die Mutter.
„Das ist das Gesetz.
Alle müssen zur Schule gehen.

Ob sie wollen oder nicht.
Auch du. Bis du 18 bist."
Peter ist jetzt noch wütender.
Er ist noch lange nicht 18.

In dem Umschlag steckt noch ein Brief.
Ein Brief von seiner neuen Klasse.
Nur acht Schüler sind in dieser Klasse.
Sie schreiben:
Willkommen an unserer Schule, Peter!
Wir haben gehört, was dir passiert ist.
Es muss sehr schlimm für dich sein.
Wir hoffen, dass du dich bei uns wohl fühlst.
Und dann erzählen alle acht etwas von sich.
In der Klasse gibt es sechs Jungs und zwei Mädchen.
Ein Mädchen ist völlig taub.
Alle anderen in der Klasse sind es nicht.
Sie sind schwerhörig.
Sie haben Hörgeräte.

In einer normalen Schule verstehen wir nichts,
schreiben sie.
Aber hier haben wir kleine Klassen.
Hier ist es sehr ruhig. Dann geht es.

Eine neue Klasse

Ein Klassenfoto ist auch dabei.
Peter schaut sich die acht Gesichter an.
Sie lächeln alle.
Ein Mädchen hat hellbraune Haut, wie Peter.
Sie hat schönes, geflochtenes Haar.
Das andere Mädchen hat
helle Haut und blonde Haare.
Zwei Jungen haben dunkles Haar.
Einer hat rote Haare. Und eine Brille.
Die anderen drei sind blond.

Wer ist wohl das taube Mädchen?, denkt Peter.
Er sieht sich die Namen unter dem Brief an.
Die Mädchen heißen Jasmin und Marion.
Peter liest, was Jasmin geschrieben hat.
Ja, das ist das taube Mädchen.

Peter sieht sich das Bild noch einmal genauer an.
Jasmin hat ein Hörgerät.
Was nützt das, wenn man taub ist?
Das wird er schon noch herausfinden,
denkt Peter.

Peter will nicht so recht
in die neue, fremde Schule.
Aber jetzt kennt er seine Klassen-Kameraden
schon ein bisschen.
Das mit dem Brief und dem Foto war eine gute Idee.
Jetzt hat Peter nicht mehr so viel Angst.

„Es wird Zeit, dass du Gebärden-Sprache lernst",
sagt Peters Mutter.
„Ich weiß nicht, wo ich anfangen soll", sagt Peter.
„Mit dem Finger-Alphabet!",
rufen Mutter und Schwester gleichzeitig.
Sie müssen selbst darüber lachen.

Peter ist nicht zum Lachen.
„Was ist das Finger-Alphabet?", fragt er.
„Für jeden Buchstaben gibt es ein Hand-Zeichen",
erklärt Jule.
„Das gilt für das ganze Alphabet."
Sie zeigt Peter, wie das geht.

„Es sieht schwierig aus", sagt Jule.
„Aber man hat es schnell drauf."
„Hm", meint Peter.

„Wir machen es gemeinsam", meint Jule dann.
Sie macht das A.
„A", sagt sie.
Peter macht es nach.

Jule hat recht.
Es sieht schwieriger aus, als es ist.

Großer Schritt

Eine neue Schule ist ein großer Schritt.
Peter ist nervös.
Das Taxi steht um halb acht vor der Tür.
Das ist früh.
Aber es geht nicht anders.
Das Taxi muss noch andere Schüler abholen.

Peters Mutter begleitet ihn heute.
Es ist sein erster Tag, da ist alles noch schwierig.
Sie sitzen nebeneinander im Taxi.
Es ist kein richtiges Taxi.
Es ist ein Mini-Bus.

Die anderen Schüler schauen Peter neugierig an.
Sie fragen ihn etwas.
Aber Peter versteht nicht.
Peters Mutter antwortet für ihn.
Ein Mädchen versucht es mit Gebärden.
Aber Peter begreift nicht.
Er zuckt mit den Schultern.
Das Mädchen nickt.
Sie versteht, dass er keine Gebärden-Sprache kann.

Das Taxi setzt zuerst ein paar kleinere Kinder ab.
Die Schule beginnt für sie früher als für Peter.
Dann fährt der Fahrer zu Peters neuer Schule.
Drei Personen steigen aus:
Peter, seine Mutter und ein Mädchen.
Das Mädchen, das die Gebärden machte.

Sie zeigt auf den Eingang zur Schule.
Sie lächelt Peter an und sagt etwas.
Sie macht eine Gebärde dazu.
Peter begreift dieses Mal.
Es sind ganz deutliche Gebärden.
Ich gehe nach oben,
gibt das Mädchen ihm damit zu verstehen.
Dann winkt sie und geht die Treppe hinauf.
Peter winkt zurück.

Der Schulleiter bringt Peter in seine Klasse.
Peter erkennt die Schüler sofort.

Namens-Gebärde

„Du musst eine Namens-Gebärde haben",
meint der Lehrer.
Er schreibt an die Tafel: *Namens-Gebärde.*
Er zeigt auf Peter.
Peter schaut sich erstaunt um.
Die Schüler in seiner Klasse nicken.
Ja, Peter muss sich eine besondere Gebärde
für seinen Namen ausdenken.

Der Lehrer schreibt: *Peter = Stein.*
Dahinter schreibt er:
Peter kommt aus dem Griechischen und heißt Stein.
Peter schüttelt den Kopf.
Nein, das mag er nicht.

Was machst du gerne?, schreibt der Lehrer.
„Ich kann gut Fußball spielen", antwortet Peter.
Der Lehrer lächelt.
Er macht die Gebärde für Fußball spielen.
Ja, diese Gebärde gefällt Peter!
Peter nickt.
Das passt zu ihm.

Dann sollen sich alle setzen.

Die Tische sind in einem großen Kreis aufgestellt.

Der Tisch vom Lehrer steht ebenfalls im Kreis.

„So können wir uns gut sehen", sagt der Lehrer.

Dazu macht er die passenden Gebärden.

Wenn Peter gut aufpasst, begreift er alles.

Die Schüler dürfen Peter Fragen stellen.

Einer nach dem anderen.

Manchmal versteht Peter sie nicht.

Dann schreibt der Lehrer die Frage an die Tafel.

„Du bist so groß", sagt Jasmin.

„Bist du wirklich erst fünfzehn?"

Peter muss lachen.

„Ja, wirklich", sagt er.

„Du musst Gebärden machen", sagt der Lehrer.

„Sonst versteht sie dich nicht."

Peter seufzt. Aber er versucht es.

Manchmal gelingt das auch.

Aber sehr oft auch nicht.

Dann versteht Jasmin ihn nicht.

Peter rollt mit den Augen.

Er fuchtelt mit den Händen.

„Ich werde es nie lernen!", ruft er.
Alle Schüler lachen.
Sie mögen Peter und freuen sich,
dass er in ihrer Klasse ist.

Eingewöhnt

„Wie war es?", fragt Jule neugierig.
Sie ist schon lange zuhause.
Peter kommt erst spät zurück aus der Schule.
Das liegt an der langen Fahrt mit dem Taxi.
„Geht so", antwortet Peter.
„Die anderen Schüler sind nett.
Aber diese Gebärden ... uff!"
Seine Mutter lacht.
„Peter ist im Taxi eingeschlafen", sagt sie.
Peter wirft ihr einen bösen Blick zu.
„Du wirst dich schon noch daran gewöhnen",
sagt die Mutter schnell.
„Das hat mir der Schulleiter gesagt."

Und es stimmt.
Nach einem Monat hat sich Peter an alles gewöhnt.
Es ist allerdings schade,
dass er so spät nach Hause kommt.
Es bleibt nicht viel Zeit für andere Dinge.

Zum Glück wird in der Schule viel unternommen.
Es gibt zum Beispiel ein Tischtennis-Turnier.

Alle machen mit.

Schüler und Lehrer.

In jeder Pause gibt es Wettkämpfe.

Wenn Stunden ausfallen, gibt es Wettkämpfe.

Nach der Schule: Wettkämpfe.

Beim Eingang der Schule hängt ein großes Schild.

Darauf stehen die Ergebnisse.

Peter hat schon viele Spiele gewonnen.

Er wusste gar nicht,

dass er so gut Tischtennis spielen kann.

„Du hast Talent", meint der Sportlehrer.

Es tut Peter gut, das zu hören.

Aber es gefällt ihm nicht so gut wie Fußball.

Nichts geht über Fußball spielen.

Jasmin kommt immer, um ihn spielen zu sehen.

Sie klatscht, wenn Peter einen Punkt macht.

Sie teilt ihre Schokolade mit ihm.

Sie lächelt ihn oft an.

Ein nettes Mädchen, diese Jasmin.

Sie ist auch ziemlich hübsch.

Angst um Jasmin

In der neuen Schule läuft es gut,
schreibt Peter an seinen Vater.
Ich benutze meinen Computer noch oft.
Aber nicht mehr so viel wie am Anfang.
Ich bin ziemlich beschäftigt.
Mit Hausaufgaben, mit Tischtennis.
Vielleicht bin ich auch wieder verliebt ...

Davon musst du mir mehr erzählen,
schreibt Peters Vater zurück.
Und Peter erzählt von Jasmin.

Wir benutzen Gebärden-Sprache, schreibt Peter.
Ich kann es nicht so gut wie Jasmin.
Doch es fällt mir immer leichter.
Jetzt muss Jasmin ins Krankenhaus.
Sie wird am Kopf operiert.
Das ist ziemlich gefährlich.
Ein Cochlea-Implantat wird in ihren Kopf eingesetzt.
Das ist eine Art Hörgerät im Gehirn.
Nach der Operation wird sie vielleicht
etwas hören können.

Ist das auch etwas für dich?, fragt Peters Vater.

Ich trau mich nicht, antwortet Peter.

Noch nicht. Vielleicht später …

Ich will auch nicht, dass Jasmin operiert wird.

Eine solche Operation ist gefährlich.

Wenn Jasmin etwas passiert …

Daran will ich gar nicht denken.

Man kann nicht immer vorsichtig sein,
schreibt Peters Vater.

Manchmal muss man auch ein Risiko eingehen, Peter.

Aber Peter ist dazu noch nicht bereit.

Er gewöhnt sich gerade an seine neue Schule.

Er fängt gerade an,

wieder Spaß am Leben zu haben.

Und das soll auch so bleiben.

Nichts soll dazwischenkommen.

Er denkt daran, was Karl zu ihm gesagt hat.

Wenn du etwas hast, das du liebst …

Dann darfst du es nicht verlieren.

Ich muss etwas tun, denkt Peter.

Aber was?

Valentinstag

Peter geht hinüber in Jules Zimmer.
Jule kann ihm sicher helfen.
Er öffnet die Tür zu Jules Zimmer.
„Geh und lass mich in Ruhe!", ruft Jule.
Sie wedelt wütend mit der Hand.
Peter erschrickt.
Was ist denn mit Jule los?

Enttäuscht geht er zurück in sein Zimmer.
Kurz darauf kommt Jule herein.
„Tut mir leid", sagt sie.
„Was ist denn los?", fragt Peter.
Jule zeigt ihm eine große Karte.
Eine Karte zum Valentinstag.
„Die hat mir Stefan geschickt", sagt Jule.
„Ich habe sie gerade erst geöffnet.
Und dann platzt du so einfach ins Zimmer.
Kannst du nicht erst anklopfen?"

Peter macht ein überraschtes Gesicht.
„Ich kann ja anklopfen", fängt er an.
„Aber woher weiß ich, ob ich reinkommen darf?"

„Dann mach ich dir schon die Tür auf",
antwortet Jule.
„Aber warum wolltest du eigentlich zu mir?"
Peter schaut auf die Valentinskarte.
„Nichts", sagt er und lacht.
„Du hast mir schon geholfen."

Peter setzt sich an den Computer.
Im Internet sucht er eine schöne E-Card.
Eine Karte zum Valentinstag,
die er per E-Mail schicken will.
Peter sucht sie für Jasmin aus.
Er wird schreiben, dass er in sie verliebt ist.
Und dass er Angst wegen ihrer Operation hat.
Dass er befürchtet,
dass sie nicht mehr aufwachen wird.

Ich habe dich noch nie geküsst, schreibt Peter.
Und das würde ich gerne einmal machen.

Er schickt die E-Card sofort ab,
bevor er es womöglich bereut.
Wird sie Jasmin gefallen?
Vielleicht sieht sie ihn nie wieder an!

Warten

Schade, dass heute Samstag ist.
Jetzt muss Peter bis Montag warten.
Dann erst sieht er Jasmin wieder.
Dann erst wird er wissen,
ob ihr seine E-Card gefallen hat.

Ping! Der Ton aus dem Computer zeigt an:
Es gibt eine neue E-Mail für Peter.
Aber Peter hört es nicht.
Er sitzt auf dem Sofa und denkt nach.
Über Amber. Und über Jasmin.
Amber ist viel hübscher als Jasmin.
Trotzdem mag er Jasmin jetzt mehr als Amber.
Seltsam ist das, wenn man verliebt ist.

„Da ist eine E-Mail für dich", sagt seine Mutter.
Sie zeigt auf den Computer.
Peter läuft schnell zum Bildschirm.
Vielleicht gibt es eine Antwort von Jasmin …

Eine Karte zum Valentinstag für Peter, steht da.
Peter wird ganz heiß. Er öffnet die E-Card.

Es ist ein großes Herz mit einem schönen Gedicht.
Ein Liebesgedicht. Es ist von Marion.

Peter seufzt tief.
„Was ist los?", fragt seine Mutter.
„Eine Karte zum Valentinstag", meint Peter.
„Und deshalb machst du so ein trauriges Gesicht?",
meint seine Mutter. „Das ist doch schön!"
„Hängt davon ab, von wem", antwortet Peter.
„Und das ist wohl nicht die Richtige?",
fragt seine Mutter.
„Nein", sagt Peter.
„Sie ist vielleicht in mich verliebt.
Aber ich nicht in sie.
Ich bin in ein anderes Mädchen verliebt."

„Vielleicht schickt sie ja auch noch eine Karte",
meint seine Mutter.
„Warte mal ab. Valentinstag ist ja erst morgen."

Nachts träumt Peter von Karten zum Valentinstag.
Im Traum bekommt er eine ganze Menge.
So viele, dass sein ganzes Bett damit bedeckt ist.
Der Anblick erschreckt ihn.

Radfahren bei Nacht

Schwitzend wacht Peter auf.
Was für ein blöder Traum!
Er sitzt aufrecht im Bett.
Ich habe Durst, denkt er.
Er geht die Treppe hinunter in die Küche.
Er holt eine Flasche Limonade aus dem Kühlschrank.
Mit einem vollen Glas geht er ins Wohnzimmer.
Dort ist es dunkel.
Der Mond scheint schwach ins Zimmer.

Auf dem Computer blinkt ein Feld:
Sie haben neue Nachrichten, steht dort.
Überrascht öffnet Peter sein E-Mail-Postfach.
Post von ... Jasmin!

Ja, sie hat ihm auch eine E-Card geschickt.
Eine sehr liebe Karte.
Mit zwei Eisbären, die sich küssen.
Auch wenn es so kalt ist,
du weißt, dass du mein Valentin bist.
Ja, denkt Peter.
Ja, ja, ja!

Er schickt sofort eine E-Mail zurück.

Dass er die ganze Zeit an sie denken muss.

Dass er nicht bis Montag warten kann,

um sie zu sehen.

Dann komm doch jetzt, schreibt Jasmin.

Hier ist meine Adresse.

Peter starrt auf die Adresse auf dem Bildschirm.

Das ist ganz schön weit weg.

Wie soll er dorthin kommen?

Dafür braucht er über eine Stunde mit dem Rad.

„Manchmal muss man auch ein Risiko eingehen",

hat sein Vater gesagt.

„Man muss mit dem, was man hat,

sorgsam umgehen", hat Karl gesagt.

Ich komme, schreibt Peter.

Er zieht sich an und steigt auf sein Fahrrad.

Schade, dass er noch keinen Motor-Roller hat.

Dann wäre er in 20 Minuten da.

Jetzt dauert es über eine Stunde.

Es ist ganz still unterwegs.

Alle schlafen.

So eine Fahrt durch die Nacht ist
irgendwie aufregend.
Es ist nicht kalt.
Der Mond scheint.
Eigentlich ganz romantisch.
Er ist auf dem Weg zu seiner Freundin.
Mitten in der Nacht.
Toll!

Bei Jasmin

Peter hat es bis zu Jasmins Zuhause geschafft.
Hier wohnt Jasmin also.
Was soll er jetzt tun?
Er kann ja nicht einfach klingeln.
Dann weckt er die ganze Familie auf.
Einen Kieselstein an ihr Fenster werfen?
Das ist vielleicht eine Idee.

Aber welches Fenster ist das richtige?
Wenn er den Stein ans falsche Fenster wirft ...
Womöglich trifft er das Schlafzimmer der Eltern!
Oh nein, das ist überhaupt keine gute Idee.
Jasmin hört ihn ja sowieso nicht, den Stein.

Wir hätten das vorher absprechen sollen,
überlegt Peter.
Was für eine blöde Aktion ...
Ich bin den ganzen Weg hierher geradelt.
Und jetzt weiß ich nicht, was ich tun soll.

Hilflos setzt er sich auf den Bürgersteig.
Dann sieht er, wie die Haustür aufgeht.

In der Tür erkennt er Jasmin.
Peter spürt, wie ihm warm wird.
Jasmin winkt ihm zu:
Komm rüber!
Rasch geht er auf das Haus zu.
Jasmin legt den Finger auf die Lippen.
Sie nimmt ihn an der Hand.
Sie zieht ihn mit sich ins Haus,
nach oben in ihr Zimmer.
Es ist ein sehr kleines Zimmer.
Über dem Bett brennt eine Lampe.

Jasmin schlingt die Arme um Peters Hals.
Sie küsst ihn. Sehr leise. Sehr warm.
Dann zieht sie ihn zu ihrem Bett.
Komm in mein Bett, sagt sie
und macht eine einladende Bewegung.
Jasmin lächelt Peter an.
Wir machen nichts, gibt sie ihm zu verstehen.
Wir liegen einfach nur nebeneinander. Okay?
Peter nickt.
Er zieht Jacke und Schuhe aus
und steigt zu Jasmin ins Bett.

Gut geschlafen?

Als Peter aufwacht, ist es hell.
Er schaut auf seine Uhr. Kurz nach sechs.
Er kann noch eine Weile liegen bleiben.
Es ist Sonntag.
Er muss nicht zur Schule.
Peter dreht sich um.
Vor Schreck setzt er sich gerade auf.
Jasmin liegt neben ihm!

Plötzlich erinnert er sich wieder.
Er ist gestern Abend zu ihr geradelt.
Sie sind wohl beide irgendwann eingeschlafen.
Peter rüttelt Jasmin wach.
Jasmin lächelt ihn an und gibt ihm einen Kuss.
Mit einer lieben Gebärde wünscht sie ihm
einen guten Morgen.
Hast du gut geschlafen?

Viel zu gut, antwortet Peter mit Gebärden.
Ich muss nach Hause.
Meine Mutter macht sich Sorgen.
Wie komme ich raus, ohne dass mich jemand sieht?

Jasmin kichert.

Ich schaue mal nach, antwortet sie.

Sie zieht sich einen Bademantel über
und geht aus dem Zimmer.

Peter zieht sich schnell an.

Das glaubt doch keiner, denkt er.

Wenn meine Fußball-Freunde mich sehen würden ...

Dann kommt Jasmin wieder.

Komm mit, gibt sie ihm zu verstehen.

Peter geht hinter ihr aus dem Zimmer.

Möchtest du etwas trinken?, fragt Jasmin.

Peter schüttelt den Kopf.

Er will weg. So schnell wie möglich.

Bevor ihn jemand sieht.

Er geht zur Haustür.

Aber Jasmin hält ihn auf.

Sie küsst ihn – sehr lange.

Kurz vergisst Peter alles.

Aber dann hat er es eilig.

Wenn uns Jasmins Eltern so sehen ...

Wir sehen uns morgen in der Schule,
sagt er zum Abschied.

Glücklich

Peter schwingt sich aufs Rad.
Er radelt den langen Weg zurück nach Hause.
Auf jeden Fall hat er genug Zeit zum Nachdenken.

Schön war es, im Bett mit Jasmin.
So nah beieinander.
Warm. Angenehm.
Jasmin lag mit ihrem Kopf auf seiner Brust.
Er streichelte ihren Rücken, ihren Hals.
Sie streichelte seine Wange.
Sie strich ihm durchs Haar.

Jasmin legte sich auf ihn.
Ihre Brüste auf seiner Brust.
Ihre Lippen auf seinen.
Ihr Bauch auf seinem.
Wir machen gar nichts, meinte Jasmin.
Na ja, was ist nichts?

Bitte lass das sein mit dem Cochlea-Implantat,
sagte Peter.
Wir verstehen uns doch so auch gut, oder nicht?

Jasmin hatte gelächelt und genickt.
Du konntest früher hören, meinte sie.
Du weißt also, was ich vermisse.
Ich muss nicht wirklich alles hören.
Das geht auch nicht.
Aber ich sehe die Geräusche nur.
Ein bellender Hund.
Ein weinendes Baby.
Musik.
Ich möchte wissen, wie sich das anhört.
Verstehst du das?

Peter versteht alle ihre Gebärden.
Und er begreift, was Jasmin meint.

Ich bin sicher, dass es gut geht, fährt sie fort.
Vielleicht so gut, dass du es auch willst.
Man kann nie wissen.
Und wieder küsste sie ihn.
Sie schmiegte sich an ihn.

Unterstützt du mich?, fragte Jasmin dann.
Versprichst du mir das?
Peter nickte.

Peter radelt durch den frühen Morgen nach Hause.
Ich habe mich schon lange nicht mehr
so glücklich gefühlt, denkt Peter.
Wenn ich es mir recht überlege:
Ich habe mich noch nie so glücklich gefühlt!

Wie kann das sein?, fragt er sich.
Mein Leben schien vorbei.
Mein Leben als Fußballer.
Aber ich habe ein neues Leben gefunden.
Ein Leben ohne Fußball.

Wirklich wichtig

Mir geht es sehr gut, schreibt Peter seinem Vater.
Ich habe gute Noten in der Schule.
Und ich habe eine wirklich nette Freundin.
Sie kann zum ersten Mal in ihrem Leben hören.
Manchmal denke ich auch über ein Implantat nach.
Für mich.
Ich vermisse die normalen Geräusche.
Das Geräusch von der Straßenbahn,
den Jubel bei einem Spiel.
Ich höre alles Mögliche in meinem Kopf.
Aber nie die Geräusche von früher,
bevor ich taub wurde.

Wirst du dann wieder Fußball spielen?,
fragt Peters Vater.
Nein, ich glaube nicht, antwortet Peter.
Ich spiele jetzt Tischtennis, fährt er fort.
Das ist kein Team-Sport.
Dafür brauche ich mein Gehör nicht so sehr.
Deshalb habe ich auch damit angefangen.
Ich bin inzwischen sehr gut im Tischtennis.
Fast so gut, wie ich beim Fußball war.

Magst du Tischtennis genauso gerne wie Fußball?,
fragt Peters Vater.
Peter denkt einen Moment lang nach.

Das Schöne am Fußball ist,
dass man in einem Team ist, schreibt er dann.
Beim Tischtennis ist das anders.
Dort ist man allein.
Aber mir gefällt Tischtennis wirklich total gut.
Es ist ein schnelles Spiel.
Man muss die ganze Zeit bei der Sache sein.

Und man muss nie im Regen spielen,
schreibt sein Vater.
Peter muss lachen.
Sein Vater hat recht:
Tischtennis spielt man immer drinnen.
Aber es macht dich nicht zum Millionär,
fährt sein Vater fort.
Wieder muss Peter lachen.
Und wieder hat sein Vater recht:
Tischtennis-Spieler verdienen nicht so viel
wie Fußballer.
Nicht annähernd so viel.

Man sollte eine Sportart wählen, weil man sie mag, antwortet Peter. *Nicht, weil man damit reich und berühmt wird. Denn das passiert fast nie.*

Ich merke es an allem, schreibt der Vater. *Es geht dir wirklich sehr gut, mein Sohn. Du weißt jetzt, was im Leben wirklich wichtig ist.*

Wörterliste

Seite 7: Jugend-Kader
Ein Kader ist eine besondere Mannschaft, eine Auswahl von besonders guten Sportlern.

Seite 8: Profi
Das Wort Profi kommt von professionell. Es bedeutet, man macht etwas beruflich und verdient Geld damit.

Seite 12: Kantine
ein Gemeinschaftsraum, wo es etwas zu essen gibt oder wo man selbst kochen kann

Seite 12: Robin van Persie, Ruud Gullit, Ruud van Nistelroy
drei berühmte niederländische Fußball-Spieler

Seite 14: Skate-Show
eine Art Tanzvorführung auf Inline-Skates

Seite 15: chippen
Im Fußball ist damit eine bestimmte Spiel-Technik

gemeint. Man hebt den Ball mit der Schuhspitze an und schießt ihn dann über den Gegner hinweg.

Seite 19: Liga

In einer Liga werden Mannschaften zusammengestellt, die ungefähr gleich gut sind. Sie machen dann Wettkämpfe gegeneinander. Im Fußball gibt es unterschiedliche Ligen, zum Beispiel erste Liga und zweite Liga.

Seite 22: Suriname

Suriname ist ein Land in Südamerika. Früher war es eine niederländische Kolonie. Das heißt, es gehörte zu den Niederlanden. Seit 1975 ist Suriname unabhängig. Viele Menschen aus Suriname leben in den Niederlanden.

Seite 32: Manchester United

ein sehr guter Fußball-Verein in England

Seite 32: Mountainbike

Mountainbike heißt auf Deutsch: Berg-Fahrrad. Mit einem Mountainbike kann man auch im Gelände und auf unbefestigten Wegen fahren.

Seite 43: Meningitis
Eine Meningitis ist eine Entzündung der Hirnhaut. Es ist eine schwere Krankheit, die lebensbedrohlich ist. Meningitis kann durch einen Virus oder durch Bakterien ausgelöst werden.

Seite 45: taub
hier: ein anderes Wort für gehörlos

Seite 59: Untertitel
Bei Filmen mit Untertitel ist am unteren Bildrand aufgeschrieben, was geredet wird oder was gerade zu hören ist. So können gehörlose Menschen die Filme verstehen.

Seite 64: Gebärden-Sprache
Gebärden-Sprache ist eine Sprache, die von gehörlosen Menschen benutzt wird. Man macht Bewegungen mit den Händen (Gebärden), mit dem Kopf und dem Mund. Auch der Gesichtsausdruck ist wichtig.
Weil man bei Gesprächen in Gebärden-Sprache nichts laut sagt, sind die Gespräche hier statt in Anführungs-Zeichen in schräger Schrift gesetzt.

Seite 71: chatten

Sich im Internet mit anderen unterhalten, indem man sich kurze Nachrichten schreibt. Die Nachrichten kann man direkt lesen und darauf antworten. Das geht schneller als mit E-Mails.

Seite 77: Willem-Alexander und Máxima

In den Niederlanden gibt es noch einen König. Willem-Alexander ist der König, Máxima seine Frau.

Seite 85: Hörgerät

ein kleines Gerät, das man sich ins Ohr steckt und das alle Geräusche verstärkt

Seite 87: Finger-Alphabet

Mit dem Finger-Alphabet kann man die Schreibweise von einem Wort mit den Fingern buchstabieren. Diese Finger-Sprache kann man zusätzlich zur Gebärden-Sprache benutzen. Das ist praktisch, um Namen und Worte zu buchstabieren.

Seite 97: Cochlea-Implantat

Ein Cochlea-Implantat ist ein besonderes Gerät, mit dem gehörlose und sehr schwerhörige Menschen wieder hören können. Es wird in das Gehirn eingepflanzt. Dabei wird der Schall nicht verstärkt wie beim Hörgerät. Der Schall wird dagegen elektrisch direkt an die Hörnerven gesendet.

Seite 99: Valentinstag

Valentinstag feiert man am 14. Februar. Vor allem Verliebte schenken sich Blumen oder Pralinen oder schreiben sich Grußkarten.